TANJA DUSY

# PIMP YOUR LUNCH

*So frisch war
Convenience-Food noch nie*

FOTOGRAFIE: KRAMP + GÖLLING, COCO LANG

# INHALT

*Öffnen Sie die Klappen dieses Buches.*
*Dort finden Sie die wichtigsten Infos zum Thema auf einen Blick!*

DAS PRINZIP:
PIMP YOUR
LUNCH

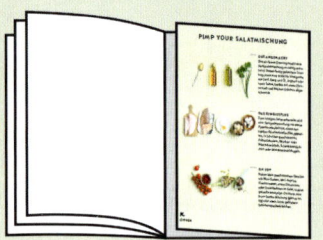

PIMP YOUR
SALATMISCHUNG

Immer griffbereit:

PIMP YOUR PIZZA
(MARGHERITA)

Immer griffbereit:

PIMP YOUR
(DOSEN-)HÜHNER-
EINTOPF

## GU CLOU

Wussten Sie schon, dass ...?
Entdecken Sie bei einigen ausgewähl-
ten Rezepten ganz besondere Tipps
mit verblüffendem Insiderwissen.
Aha-Momente garantiert!

 Mit diesem Symbol sind alle vegetarischen
Gerichte gekennzeichnet.

 Die Backzeiten können je nach Herd variie-
ren. Unsere Temperaturangaben beziehen
sich auf das Backen im Elektroherd mit
Ober- und Unterhitze.

# REZEPTKAPITEL

## 06 SALAT & GEMÜSE – ABER SCHNELL

## 20 FAST FOOD – NOCH SCHNELLER

## 32 PRONTO PASTA, PIZZA, NUDELN

## 46 SCHNELLER MITTAGSTELLER

# TANJA DUSY

*Eigentlich kocht unsere Autorin am liebsten mit frischen Zutaten und viel Gemüse. Trotzdem kennt sie als berufstätige Mutter die Nöte und Sorgen all jener, die mittags schnell und unkompliziert essen wollen, ohne großen Aufwand betreiben zu können.*

### Sind Sie ein Fan von Fertiggerichten?

Ganz ehrlich, eigentlich nicht. Aber gerade aus meiner Zeit als Redakteurin weiß ich: Immer nur belegte Brote oder Kantine sind auch keine Lösung. Da ist es spannender, die heute riesige Auswahl an inzwischen oft sehr guten Convenience-Produkten zu nutzen. Mit einer kleinen Küchenausstattung, etwas Fantasie, ein paar kleinen Drehs, ergänzt durch frische Zutaten, lassen sich daraus vollwertige und oft auch gesunde Gerichte zaubern.

### Wann sind Fertiggerichte für Sie okay?

Immer dann, wenn die Zeit wirklich knapp ist. Natürlich lässt sich ein Ei oder etwas frische Hähnchenbrust ebenfalls fix braten. Aber wenn es um kompliziertere, lang garende Gerichte wie Klöße, Gulasch oder eine gute, richtig lang gekochte Tomatensauce geht,

kann ein Fertiggericht hilfreich sein. Ergänzt durch frisches Gemüse, das schnell gart, und eine Handvoll Kräuter wird daraus dann meist schon gesundes Fast Food.

### Worauf achten Sie bei der Auswahl noch?

Wichtig ist mir, dass die Qualität der Produkte stimmt: mit möglichst wenigen unnötigen Zusatzstoffen, wie z. B. Geschmacks- und Aromaverstärkern und – falls möglich – vielleicht sogar in Bio-Qualität. Also besser eine reine Tiefkühlgemüsemischung ohne weitere Zutaten, die sich dann in gesundem Öl braten, würzen und aufpeppen lässt. Und ich habe die häufig – im Verhältnis zum Inhalt – unnötig großen Verpackungen im Blick. Daher kaufe ich lieber größere Einheiten, die ich selber portioniere, anstelle von 1-Person-Menüs – das spart Verpackungsmüll!

# BLITZREZEPT: CAPRESE-GNOCCHI

1 EL Butter in einer Pfanne erhitzen
und ½ Packung Gnocchi (ca. 200 g; aus
dem Kühlregal) darin nach Packungsanweisung goldbraun braten.

6 Kirschtomaten waschen, vierteln,
dazugeben und kurz mitbraten.

*60 g halbierte Mini-Mozzarellakugeln*
*und abgezupfte Blätter von 2 Stängeln*
*Basilikum untermischen. Mit schwarzem*
*Pfeffer übermahlen.*

# SALAT & GEMÜSE – ABER SCHNELL

*Für 1 Person • 5 Min. Zubereitung • 15 Min. Garen •*
*Pro Portion ca. 340 kcal, 14 g E, 18 g F, 25 g KH*

*Für 1 Person • 15 Min. Zubereitung •*
*Pro Portion ca. 605 kcal, 18 g E, 39 g F, 39 g KH*

# SALAT MIT FALAFELN 🍃

## VEGGIESALAT VOM FEINSTEN

*4 Falafeln (TK oder Kühlregal) • 75 g Joghurt
(3,5 % Fett) • 1 TL Tahin (Sesampaste) •
3 EL Zitronensaft • 1 Knoblauchzehe • ¼ TL
gemahlener Kreuzkümmel • Salz • Pfeffer •
5 Kirschtomaten • ½ Packung Salat-Mix (ca. 75 g;
am besten mit Rotkohl)*

**1** Die Falafeln nach Packungsanweisung im Backofen zubereiten. Währenddessen den Joghurt mit Tahin und Zitronensaft glatt verrühren. Den Knoblauch schälen und dazupressen, dann gerade so viel kaltes Wasser unterrühren, bis ein flüssiges Dressing entstanden ist. Mit Kreuzkümmel, Salz und Pfeffer würzen.

**2** Tomaten waschen und halbieren, dabei Stielansatz entfernen. Salat waschen, trocken schütteln und mit den Tomaten auf einem Teller verteilen. Falafeln aus dem Ofen nehmen, auf dem Salat anrichten, alles mit Dressing beträufeln.

# KNUSPER-CAPRESE 🍃

## KLASSIKER NEU AUFGELEGT

*125 g TK-Mozzarella-Sticks • 2 große Tomaten •
2 Stängel Basilikum • Salz • Pfeffer • 2 EL Aceto
balsamico • ½ TL Senf • ½ TL Ahornsirup
(ersatzweise Honig) • 2 EL Olivenöl • 40 g verzehrfertiger Rucola (aus dem Kühlregal)*

**1** Mozzarella-Sticks nach Packungsanweisung im Backofen zubereiten. Inzwischen Tomaten waschen und quer in Scheiben schneiden, dabei Stielansatz entfernen. Basilikum waschen, trocken schütteln, Blättchen abzupfen und grob zerschneiden. Tomaten auf einem Teller auslegen, leicht salzen, pfeffern und mit Basilikum bestreuen.

**2** Essig, Senf und Ahornsirup verrühren, salzen, pfeffern, das Öl kräftig unterschlagen. Rucola waschen, trocken schütteln, mit dem Dressing mischen und auf den Tomaten verteilen. Mozzarella-Sticks aus dem Ofen nehmen, 2 Min. ruhen lassen, dann auf dem Salat verteilen.

*Für 1 Person • 10 Min. Zubereitung •*
*Pro Portion ca. 525 kcal, 48 g E, 23 g F, 26 g KH*

*Für 1 Person • 10 Min. Zubereitung •*
*Pro Portion ca. 855 kcal, 41 g E, 65 g F, 21 g KH*

# HÄHNCHENSALAT MIT CRUNCH

### LEICHT EXOTISCH

# FELDSALAT MIT CAMEMBERT 🍃

### HERBSTREZEPT

*1 Mini-Gurke • 4 Radieschen • ½ Packung (Garten-)Salat-Mix (ca. 75 g) • 1 Orange • 5 Stängel Koriandergrün • 3 EL Joghurt (3,5 % Fett) • 1 TL Weißweinessig • ½ TL Currypulver • Salz • Pfeffer • 125 g gegarte Hähnchenfiletstreifen (Kühlregal) • 3 EL Erdnusskerne mit Linsenhülle (Fertigprodukt)*

*2 Back-Camemberts mit Preiselbeerdip (ca. 150 g; TK oder Kühltheke) • ½ Packung Feldsalat (ca. 50 g) • 100 g kernlose helle Trauben • 2 EL Walnusskerne • 2 EL Aceto balsamico • ½ TL Dijon-Senf • Salz • Pfeffer • 2 EL Olivenöl*

**1**  Gurke und Radieschen putzen, waschen, in Scheiben schneiden. Salat waschen, trocken schütteln. Orange halbieren, von 1 Hälfte Saft auspressen, von der anderen Hälfte Schale samt weißer Haut abschneiden. Fruchtfleisch in Scheiben schneiden, sechsteln. Koriander waschen, trocken schütteln, Blätter abzupfen, hacken.

**2**  Joghurt, 4 EL Orangensaft, Essig mit Curry, Salz und Pfeffer verrühren. Gurke, Radieschen, Salat, Koriander, Hähnchen mischen, mit Dressing beträufeln. Erdnüsse hacken und aufstreuen.

**1**  Die Camemberts nach Packungsanweisung im Backofen zubereiten. Inzwischen den Feldsalat waschen und trocken schütteln. Trauben waschen und halbieren. Walnusskerne grob hacken. 1 EL Preiselbeerdip mit Aceto balsamico und Senf verrühren. Mit Salz und Pfeffer würzen, dann das Olivenöl kräftig unterschlagen.

**2**  Die Camemberts aus dem Ofen nehmen und kurz ruhen lassen. Währenddessen den Feldsalat mit dem Dressing mischen, die Trauben unterheben und alles auf einen Teller geben. Mit den Walnusskernen bestreuen, den Camembert in Stücke schneiden und darauf verteilen.

*Für 1 Person • 10 Min. Zubereitung • Pro Portion ca. 480 kcal, 37 g E, 30 g F, 16 g KH*

# ERBSENSALAT MIT RÄUCHERFISCH

## FRÜHLINGSFRISCH UND LEICHT

*100 g TK-Erbsen*
*5 Radieschen*
*1 ½ EL Weißweinessig*
*½ TL Dijon-Senf*
*2 EL Crème légère*
*2 EL Rapsöl*
*Salz, Pfeffer*
*2 EL TK-Gartenkräuter*
*1 geräuchertes Forellenfilet*
   *(ca. 120 g)*
*1 Handvoll Baby-Spinat*

**1** Die Erbsen in einen Topf geben. Wasser im Wasserkocher aufkochen, darübergießen und die Erbsen darin 5–8 Min. ziehen lassen. Anschließend in ein Sieb abgießen und abtropfen lassen.

**2** Inzwischen die Radieschen putzen, waschen und vierteln. Essig, Senf, Crème légère und Öl glatt verrühren, mit Salz und Pfeffer würzen. Die TK-Kräuter untermischen. Das Forellenfilet mit einer Gabel in mundgerechte Stücke zerteilen. Baby-Spinat waschen, trocken schütteln oder schleudern.

**3** Die lauwarmen Erbsen mit dem Dressing mischen, dann die Radieschen untermischen. Nochmals mit Salz und Pfeffer abschmecken, dann vorsichtig das Forellenfilet und den Spinat unterheben. Am besten mit einem Stück frischem Baguette genießen.

*Für 1 Person • 20 Min. Zubereitung • Pro Portion ca. 805 kcal, 19 g E, 65 g F, 48 g KH*

# LAUWARMER BRATKARTOFFELSALAT

## DEFTIGER SATTMACHER

*5 Scheiben Frühstücksspeck*
  *(Bacon)*
*1 kleine rote Zwiebel*
*⅓ Packung Feldsalat (ca. 30 g)*
*1 kleine Avocado*
*2 EL Weißweinessig*
*1 TL Ahornsirup*
*⅓ TL Dijon-Senf*
*1 EL Olivenöl*
*Salz, Pfeffer*
*½ Packung Bratkartoffeln*
  *(ca. 200 g, ohne Speck)*

**1** Speck in 2–3 cm große Stücke schneiden und in einer beschichteten Pfanne bei kleiner Hitze in 10–12 Min. knusprig braten. Auf Küchenpapier abtropfen lassen, das Fett in der Pfanne lassen.

**2** Inzwischen Zwiebel schälen, längs in Streifen schneiden. Feldsalat waschen und trocken schütteln. Avocado halbieren, Kern und Schale entfernen, Fruchtfleisch würfeln. 1 EL Essig, Ahornsirup und Senf verrühren, zuerst 1 EL Speckfett, dann das Olivenöl kräftig unterschlagen, salzen und pfeffern.

**3** Speckfett in der Pfanne erhitzen, die Hälfte der Zwiebelstreifen darin ca. 5 Min dünsten. Bratkartoffeln zugeben und bei mittlerer Hitze in 4–6 Min. nach Packungsanweisung goldbraun braten. Kurz abkühlen lassen, dann in einer Schüssel mit dem Dressing mischen. Avocado, übrige Zwiebel und Speck untermischen, mit Salz, Pfeffer und evtl. übrigem Essig (1 EL) abschmecken. Feldsalat unterheben.

*Für 1 Person • 10 Min. Zubereitung •*
*Pro Portion ca. 585 kcal, 31 g E, 23 g F, 62 g KH*

*Für 1 Person • 15 Min. Zubereitung •*
*Pro Portion ca. 660 kcal, 21 g E, 39 g F, 19 g KH*

# LINSEN-TABOULEH 🌿

### EINFACHER SOMMERSALAT

# BOHNEN-BROT-SALAT MIT FENCHEL

### BESTE RESTEVERWERTUNG

*2 Tomaten • 1 großes Bund Petersilie • 3 Stängel Minze • 1 Dose braune Linsen (400 g) • Saft von ½ Zitrone • 2 EL Olivenöl • Salz • Pfeffer*

*1 Brötchen (vom Vortag) • 1 Knoblauchzehe • 3 EL Olivenöl • 1 kleiner Fenchel • Salz • 1 ½ EL Aceto balsamico • 2 EL TK-Italienische-Kräuter-Mischung • Pfeffer • 1 Mini-Dose weiße Bohnen (ca. 125 g Abtropfgewicht) • 25 g (Fenchel-)Salami in Scheiben*

**1** Tomaten waschen und klein würfeln, dabei den Saft auffangen. Petersilie im Bund waschen, trocken schütteln, das Bund gut zusammenfassen und mit einem scharfen Messer die Blättchen grob zerschneiden. Minze waschen und trocken schütteln, die Blätter abzupfen und grob zerschneiden. Die Linsen in ein Sieb abgießen, kalt abbrausen und abtropfen lassen.

**2** Aufgefangenen Tomatensaft, 2 EL Zitronensaft und das Öl gründlich mit einer Gabel verquirlen, mit Salz und Pfeffer würzen. Mit den vorbereiteten Zutaten mischen und evtl. nochmals mit Zitronensaft abschmecken.

**1** Das Brötchen ca. 2 cm groß würfeln. Knoblauch schälen, fein würfeln und in einer Pfanne in 1 EL Olivenöl andünsten. Brot zugeben, bei mittlerer Hitze goldbraun rösten, abkühlen lassen.

**2** Fenchel putzen, waschen, Grün beiseitelegen, Knolle vierteln, Viertel in dünne Streifen schneiden. Mit 1 Prise Salz mischen und etwas kneten. Essig, 1 EL Wasser und TK-Kräuter unterrühren, salzen, pfeffern und übriges Öl (2 EL) unterschlagen. Bohnen in ein Sieb abgießen, abtropfen lassen. Salami in Streifen schneiden, Fenchelgrün hacken. Mit Fenchel, Brot und Dressing mischen.

*Für 1 Person • 10 Min. Zubereitung •*
*Pro Portion ca. 720 kcal, 32 g E, 42 g F, 45 g KH*

*Für 1 Person • 10 Min. Zubereitung •*
*Pro Portion ca. 855 kcal, 16 g E, 53 g F, 75 g KH*

# KICHERERBSENSALAT MIT SCHAFSKÄSE 🌿

## MEDITERRAN

*1 Dose Kichererbsen (400 g) • 2 EL Ajvar (aus dem Glas) • 2 EL Weißweinessig • 2 EL Olivenöl • Salz • Pfeffer • 1 EL schwarze Oliven in Scheiben (aus der Dose) • 1 Handvoll Salat-Mix mit Baby-Mangold • 100 g Schafskäse (z. B. Feta)*

**1** Die Kichererbsen in ein Sieb abgießen, kalt abbrausen und abtropfen lassen. Ajvar mit 1 EL Essig und dem Olivenöl verrühren, salzen und pfeffern. Die Oliven abtropfen lassen und mit den Kichererbsen und dem Dressing mischen, kurz ziehen lassen. Evtl. mit dem übrigen Essig (1 EL) abschmecken.

**2** Die Salatmischung waschen, trocken schütteln und vorsichtig unter die Kichererbsen heben. Den Schafskäse mit einer Gabel zerbröckeln und über den Salat streuen.

# RÖST-MAIS-SALAT 🌿

## MEXICAN STYLE

*½ Bio-Limette • 5 EL Caesar-Salatdressing (Glas) • 3 Msp. Chilipulver • 1 Dose Mais (ca. 280 g Abtropfgewicht) • 2 Knoblauchzehen • 2 Frühlingszwiebeln • ½ Packung Salat-Mix (ca. 70 g) • 2 EL Olivenöl • Salz • Pfeffer • 6 Tortilla-Chips*

**1** Limette waschen, Schale abreiben, Saft auspressen. Schale, 1 TL Saft, Dressing und 1 Msp. Chili verrühren. Mais abgießen. Knoblauch schälen, hacken. Frühlingszwiebeln putzen, waschen, weißen und grünen Teil getrennt klein schneiden. Salat waschen, trocken schütteln, auf einen Teller geben.

**2** Öl in einer Pfanne erhitzen, weiße Zwiebelringe und Knoblauch darin andünsten. Mais unterrühren, bei mittlerer Hitze 3 Min. ohne Rühren braten, umrühren und 2–3 Min. braten. Mit Salz, Pfeffer, übrigem Chili würzen, grüne Zwiebelringe unterheben. Auf den Salat geben, mit Dressing beträufeln. Chips zerbröckeln, aufstreuen.

Für 1 Person • 25 Min. Zubereitung • Pro Portion ca. 560 kcal, 13 g E, 26 g F, 20 g KH

# SOMMERGEMÜSESUPPE

### MIT FEINEN GRIESSKLÖSSCHEN

1 kleine Zwiebel
1 Knoblauchzehe
1 EL Olivenöl
3 EL Schinkenspeckwürfel
1 TL Tomatenmark
250 g TK-Gemüse-Mix italienische
  Art (ungewürzt; mit Zucchini,
  Paprika, Erbsen, Brokkoli und
  grünen Bohnen)
200 ml Gemüsebrühe
¼ TL getrockneter Oregano
Salz, Pfeffer
125 g Grießklößchen (aus dem
  Kühlregal)
8 Stängel Petersilie

**1** Zwiebel und Knoblauch schälen und fein würfeln. Das Öl in einem Topf erhitzen und Speckwürfel, Zwiebel und Knoblauch darin bei kleiner Hitze 3–4 Min. andünsten. Das Tomatenmark unterrühren und bei mittlerer Hitze 1 Min. mitrösten.

**2** TK-Gemüse dazugeben und 1 Min. unter Rühren mitdünsten. Dann mit der Brühe ablöschen. Alles aufkochen lassen, mit Oregano, Salz und Pfeffer würzen. Das Gemüse zugedeckt bei kleiner Hitze ca. 8 Min. garen.

**3** Die Grießklößchen in die Suppe geben und bei kleiner Hitze 2–3 Min. garen, evtl. noch 3–5 Min. nachziehen lassen. Inzwischen die Petersilie waschen und trocken schütteln, die Blätter abzupfen und grob zerschneiden. Einen Großteil davon unter die Suppe mischen, den Rest darüberstreuen. Die Suppe servieren.

*Für 1 Person • 10 Min. Zubereitung • Pro Portion ca. 805 kcal, 31 g E, 36 g F, 88 g KH*

# ROTE-BETE-COUSCOUS-BOWL

### LECKER IN PINK

1 Packung Couscous Cup
   *(ca. 70 g; z. B. marokkanisch
   gewürzt; ersatzwei-
   se 70 g Instant-Couscous &
   1 TL Ras el Hanout)*
1 große vorgegarte Rote Bete
   *(ca. 150 g; vakuumverpackt)*
100 g Backschafskäse (aus dem
   Kühlregal)
1 kleine Orange
1 Frühlingszwiebel
2 Stängel Minze
1 TL Olivenöl

**1** Couscous in eine hitzebeständige Bowl geben. Rote Bete auf der Rohkostreibe grob direkt auf den Couscous raspeln. Beides nach der Packungsanweisung des Couscous mit kochendem Wasser übergießen und abgedeckt 5 Min. ziehen lassen. Backschafskäse in der Pfanne nach Packungsanweisung garen, falls nötig, warm halten.

**2** Inzwischen die Orangenschale samt weißer Haut mit einem Messer abschneiden, den Saft auffangen. Fruchtfleisch quer in Scheiben schneiden, diese in Viertel. Frühlingszwiebel putzen, waschen, trocken schütteln und mit dem Grün in Ringe schneiden. Minze waschen, trocken schütteln, Blätter abzupfen und in Streifen schneiden.

**3** Öl, Rote Bete und Couscous gründlich mit einer Gabel vermengen. Orangenstücke, 1–2 EL ausgetretenen Saft, Frühlingszwiebel und einen Großteil der Minze untermischen. Backschafskäse in Streifen schneiden, darauf anrichten und mit übriger Minze bestreuen.

*Für 1 Person • 15 Min. Zubereitung • Pro Portion ca. 955 kcal, 32 g E, 35 g F, 109 g KH*

# QUINOA-GEMÜSE-BOWL 🌿

## SATTMACHERSCHÜSSEL

*1 Knoblauchzehe*
*2 EL Olivenöl*
*150 g TK-Mediterranes-Grill-*
*    gemüse (ungewürzt)*
*Salz, Pfeffer*
*¼ TL getrockneter Thymian*
*1 Mini-Dose Kichererbsen*
*    (ca. 130 g Abtropfgewicht)*
*1 Tomate*
*150 g Joghurt (3,5 % Fett)*
*½ TL gemahlener Kreuzküm-*
*    mel*
*5 Stängel Koriandergrün*
*½ Packung Express-Quinoa*
*    (ca. 125 g)*

**1** Den Knoblauch schälen und halbieren, eine Hälfte würfeln. Das Öl in einer kleinen Pfanne auf höchster Stufe erhitzen, TK-Gemüse kurz darin anbraten, dann bei mittlerer Hitze 7–10 Min. garen, dabei gelegentlich umrühren. Nach etwa der Hälfte der Zeit mit gewürfeltem Knoblauch, Salz, Pfeffer und Thymian würzen.

**2** Inzwischen Kichererbsen in ein Sieb abgießen, abtropfen lassen. Tomate waschen und achteln, Stielansatz entfernen. Übrigen Knoblauch durchpressen, mit Joghurt und Kreuzkümmel verrühren, salzen und pfeffern. Koriander waschen, trocken tupfen, Blätter abzupfen, grob zerschneiden. Die Hälfte unter den Joghurt mischen.

**3** Express-Quinoa nach Packungsanweisung in Pfanne oder Mikrowelle erhitzen, in eine Bowl geben. Kichererbsen unter das Gemüse rühren, kurz erwärmen und auf der Quinoa verteilen, Tomate und Joghurt dazugeben, alles mit übrigem Koriandergrün bestreuen.

*Für 1 Person • 15 Min. Zubereitung • Pro Portion ca. 445 kcal, 15 g E, 27 g F, 9 g KH*

# ASIAPFANNE MIT TOFU 🍃

## WOKSTYLE-GEMÜSE

*100 g Tofu*
*1 Stück Ingwer (ca. 10 g)*
*1 Knoblauchzehe*
*2 EL Rapsöl*
*4 EL Sojasauce*
*300 g TK-Asia-Gemüse-Mix*
   *(ungewürzt)*
*75 ml Gemüsebrühe*
*1 EL Hoisinsauce*
*Salz, Pfeffer*
*2 Spritzer Chilisauce (Sriracha)*
*1 Frühlingszwiebel*

**1** Tofu in ca. 1,5 cm große Würfel schneiden. Ingwer und Knoblauch schälen und sehr fein hacken. 1 EL Öl in einer kleinen beschichteten Pfanne erhitzen und den Tofu darin rundherum leicht braun braten, mit 2 EL Sojasauce ablöschen, gut darin wenden und herausnehmen.

**2** Die Pfanne mit Küchenpapier auswischen und das übrige Öl (1 EL) darin erhitzen. Ingwer und Knoblauch dazugeben und andünsten. Gemüse zugeben und bei großer Hitze unter Rühren 2 Min. braten. Brühe, 1 EL Sojasauce und Hoisinsauce unterrühren. Mit Salz, Pfeffer und Chilisauce würzen, bei mittlerer Hitze 5–6 Min. garen.

**3** Inzwischen die Frühlingszwiebel putzen, waschen, trocken schütteln und mit dem Grün in feine Ringe schneiden. Den Tofu unter das fertige Gemüse heben und heiß werden lassen, evtl. mit der übrigen Sojasauce (1 EL) abschmecken. Die Frühlingszwiebelringe unterrühren und die Asiapfanne servieren.

*Für 1 Person • 20 Min. Zubereitung • Pro Portion ca. 715 kcal, 44 g E, 27 g F, 36 g KH*

# CHILI-SIN-CARNE-PFANNE 🌿

### VEGANER SATTMACHER

*1 kleine Zwiebel*
*1 Knoblauchzehe*
*2 EL Olivenöl*
*1 ½ EL Tomatenmark*
*180 g veganes (Soja-)Hack*
  *(aus dem Kühlregal)*
*1 Mini-Dose Kidneybohnen*
  *(ca. 125 g Abtropfgewicht)*
*1 TL Chili-con-Carne-Gewürz*
*100 g TK-Süßkartoffelwürfel*
  *(ersatzweise TK-Kürbis)*
*100 ml Gemüsebrühe*
*Salz, Pfeffer*
*6 Stängel Koriandergrün*

**1** Zwiebel und Knoblauch schälen und fein würfeln. Das Öl in einer Pfanne oder einem Topf erhitzen und beides darin bei mittlerer Hitze in ca. 5 Min. weich dünsten. Das Tomatenmark dazugeben und kurz mitrösten, dann das Sojahack hinzufügen bei kleiner bis mittlerer Hitze 2–3 Min. mitbraten, dabei gelegentlich umrühren.

**2** Inzwischen die Bohnen in ein Sieb abgießen, kalt abbrausen und abtropfen lassen. Bohnen, Chili-con-Carne-Gewürz, TK-Süßkartoffelwürfel und die Brühe unter die Sojahackmischung rühren. Salzen, pfeffern und offen bei mittlerer Hitze weitere 6–8 Min. garen.

**3** Währenddessen Koriandergrün waschen und trocken schütteln, die Blätter abzupfen und nur grob zerschneiden. Den Großteil des Koriandergrüns unter das Chili mischen, den Rest darüberstreuen und das Chili sofort genießen.

# FAST FOOD – NOCH SCHNELLER

*Für 1 Person • 25 Min. Zubereitung • Pro Portion ca. 515 kcal, 23 g E, 20 g F, 59 g KH*

# MASHED PEA-AND-FISH-BURGER

### ENGLISCHER KLASSIKER NEU AUFGELEGT

4 TK-Fischstäbchen
1 Schalotte
1 TL Butter
50 g TK-Erbsen
Salz, Pfeffer
1 Stängel Minze
1 Ciabatta-Brötchen
2 große Salatblätter (z. B. Lollo
    bianco oder rosso)
1 EL Crème légère

**1** Den Backofen auf 220° vorheizen und ein Blech mit Backpapier belegen. Die TK-Fischstäbchen darauflegen und im heißen Ofen 15–17 Min. backen, dabei nach 10 Min. wenden.

**2** Inzwischen Schalotte schälen und fein würfeln. Butter in einem Pfännchen schmelzen und die Schalotte darin goldgelb andünsten. TK-Erbsen und 2 EL Wasser dazugeben, salzen, pfeffern. Zugedeckt bei mittlerer Hitze in ca. 8 Min. weich dünsten, gegen Ende offen dünsten, es sollte fast alle Flüssigkeit verdampfen. Inzwischen Minze waschen, trocken schütteln, Blätter abzupfen und fein schneiden. Brötchen quer halbieren. Salatblätter waschen und trocken tupfen.

**3** Erbsen mit einer Gabel zermusen, mit Crème légère und Minze mischen. Erbsencreme auf der unteren Brötchenhälfte verteilen. Fischstäbchen darauflegen, die Salatblätter darüberlegen, mit der oberen Brötchenhälfte abdecken. Warm genießen.

*Für 1 Person • 10 Min. Zubereitung • 45 Min. Garen • Pro Portion ca. 690 kcal, 34 g E, 32 g F, 62 g KH*

# PULLED FISH BURGER

## HIER KOCHT DER BACKOFEN

½ TK-Schlemmerfilet
  (ca. 190 g; am besten mexi-
  kanisch oder pikant)
200 g Coleslaw-Salat-Mix (aus
  der Kühltheke, geraspelte
  Möhren und Weißkohl)
Salz
1 Schalotte
1 ½ EL Mayonnaise
2 EL Schmand
1 ½ EL Weißweinessig
Pfeffer
2 Prisen Zucker
1 Mini-Baguette (ersatz-
  weise 1 großes Baguette-
  Brötchen)

**1** Backofen auf 210° vorheizen. Das TK-Filet halbieren, in der Schale auf ein Backblech stellen und im Ofen (Mitte) in ca. 45 Min. garen.

**2** Inzwischen Salat-Mix in einem Sieb mit 2 Prisen Salz mischen und mit den Händen kräftig 1–2 Min. kneten, bis Flüssigkeit austritt. Das Sieb 2–3 Min. über eine Schüssel hängen, dann Flüssigkeit weggie-ßen. Schalotte schälen und fein würfeln. Mit Mayo und Schmand mischen, mit 1 EL Essig, Salz, Pfeffer und Zucker würzen. Salat kurz durchkneten, dabei viel Flüssigkeit herauspressen. In einer Schüssel mit dem Dressing mischen und ziehen lassen.

**3** Das Mini-Baguette quer halbieren, aber nicht ganz durchschnei-den. Den Salat mit Salz, Pfeffer und evtl. übrigem Essig (½ EL) ab-schmecken. Den Fisch aus dem Ofen nehmen und mit einer Gabel zerzupfen. Den Krautsalat in das Baguette füllen, darauf den Fisch verteilen und mit der oberen Brötchenhälfte abdecken.

*Für 1 Person • 20 Min. Zubereitung • Pro Portion ca. 680 kcal, 24 g E, 52 g F, 28 g KH*

# GARNELEN-TACOS

### WECKT KNUSPERLUST

*125 g TK-Knusper-Garnelen*
*2 Taco-Shells (ersatzwei-*
 *se 2 Weizen-Tortillafladen)*
*3 EL Sourcream (ersatzweise*
 *saure Sahne)*
*2 EL (Salat-)Mayonnaise*
*2 TL Limettensaft*
*1 Knoblauchzehe*
*2 Spritzer Chilisauce (z. B.*
 *Sriracha)*
*Salz, Pfeffer*
*1 kleine Avocado*
*1 Tomate*
*1 Handvoll Salat-Mix (z. B.*
 *Country-Mix)*

**1** Die Garnelen nach Packungsanweisung im Backofen garen, dabei gegen Ende Taco-Shells 1 Min. miterhitzen. Sourcream, Mayonnaise und 1 TL Limettensaft verrühren. Den Knoblauch schälen und dazupressen. Das Dressing mit Chilisauce, Salz und Pfeffer würzen.

**2** Die Avocado halbieren, Kern und Schale entfernen. Das Fruchtfleisch in ca. 1 cm große Würfel schneiden und sofort mit dem übrigen Limettensaft (1 TL) mischen. Die Tomate waschen und in Würfel schneiden, dabei den Stielansatz entfernen. Den Salat-Mix waschen und trocken schütteln.

**3** Avocado, Tomate und Salat-Mix mischen, dabei leicht salzen und pfeffern. Dann in die Taco-Shells füllen und mit gut der Hälfte des Dressings beträufeln. Die Garnelen daraufgeben und das restliche Dressing darüberträufeln.

*Für 1 Person • 15 Min. Zubereitung • Pro Portion ca. 690 kcal, 35 g E, 5 g F, 99 g KH*

# TEX-MEX-WRAPS

### ACHTUNG: HOT!

*1 Mini-Dose Bohnen-Mix (ca. 260 g Abtropfgewicht; Mais & Kidneybohnen oder Mexican Mix)*
*50 g Roastbeefaufschnitt*
*1 Mini-Romanasalatherz*
*1 Frühlingszwiebel*
*5 Stängel Koriandergrün*
*2 (Weizen-)Tortillafladen*
*100 ml Hot Wrap Sauce (ersatzweise Salsa-Dip)*

**1** Den Bohnen-Mix in ein Sieb abgießen und abtropfen lassen. Das Roastbeef in Streifen schneiden. Das Romanasalatherz putzen, waschen und trocken schütteln, die Blätter in Streifen schneiden. Die Frühlingszwiebel putzen, waschen, trocken schütteln und mitsamt dem grünen Teil in Ringe schneiden. Das Koriandergrün waschen und trocken schütteln, die Blätter abzupfen und grob hacken.

**2** Die Tortillafladen in einer Pfanne nach Packungsanweisung erwärmen. In einem sauberen Geschirrtuch warm halten. Bohnen-Mix, Sauce und Roastbeef in die Pfanne geben und ca. 3 Min. erhitzen. Die Hälfte der Frühlingszwiebelringe untermischen.

**3** Die Mischung aus der Pfanne auf die Fladen verteilen, mit dem Salat, den übrigen Frühlingszwiebelringen und dem Koriandergrün bestreuen. Die Fladen aufrollen, nach Belieben in der Mitte durchschneiden und genießen.

# FISH & CHIPS MIT GURKEN-REMOULADE

## FEINER ALS DAS ORIGINAL MIT ESSIG

*150 g TK-Potato-Wedges*
*½ Packung TK-Backfisch-Nuggets*
  *(ca. 122 g)*
*1 Mini-Gurke*
*¼ Glas Mixed Pickles (ca. 330 g)*
*2 EL (Salat-)Mayonnaise*
*2 EL Joghurt (3,5 % Fett)*
*1 TL Ahornsirup*
*3 Msp. Currypulver*
*Salz, Pfeffer*
*3 Stängel Dill*

### TAUSCH-TIPP

Wer keine Fischnuggets bekommt oder noch einen Rest Fischstäbchen hat – die schmecken hier ebenso. Nach dem Garen in mundgerechte Stücke schneiden.

**1** Den Backofen auf 200° vorheizen. Ein Backblech mit Backpapier auslegen und die TK-Potato-Wedges nebeneinander darauf verteilen. Im heißen Ofen (Mitte) ca. 10 Min. garen.

**2** Das Blech herausnehmen und die Ofentemperatur auf 220° erhöhen. Die Potato Wedges wenden, die gefrorenen Fischnuggets daneben verteilen und das Blech wieder in den heißen Ofen (Mitte) schieben. Weitere 12–15 Min. garen, dabei die Nuggets nach der Hälfte der Zeit einmal wenden.

**3** Inzwischen die Gurke putzen, schälen und längs in ca. 5 mm dicke Scheiben schneiden. Die Scheiben der Länge nach in 5 mm dicke Streifen, dann diese in kleine Würfel schneiden. Aus den Mixed Pickles ein paar Möhren, ein Gürkchen, 2 Silberzwiebeln und etwas Blumenkohl fischen (40–50 g) und diese Gemüse fein hacken. Mit den Gurkenwürfelchen, Mayonnaise, Joghurt und Ahornsirup verrühren. Das Ganze mit Currypulver, Salz und Pfeffer würzen. Falls gewünscht, die Remoulade noch etwas süß-säuerlich mit etwas Pickles-Einlegesud abschmecken. Den Dill waschen, trocken schütteln und unterrühren.

**4** Fischnuggets und Potato Wedges aus dem Ofen nehmen und auf einen Teller geben. Die Remoulade in ein Schälchen füllen und zum Dippen dazu servieren.

*Für 1 Person • 15 Min. Zubereitung • Pro Portion ca. 780 kcal, 49 g E, 39 g F, 56 g KH*

# TÜRKISCHE FLADENPIZZA

## EXTRAKNUSPRIG

*1 kleine rote Zwiebel*
*1 Knoblauchzehe*
*1 TL Döner-Gewürzmischung*
*1 EL Paprika-Tomatenmark*
  *(ersatzweise Tomatenmark)*
*100 g Rinderhackfleisch*
*Salz, Pfeffer*
*1 Tomate*
*⅓ Bund Petersilie*
*1 Weizen-Tortillafladen (Wrap)*
*100 g Schafskäse (z. B. Feta)*
*1 Mini-Gurke*
*½ TL Pul Biber (nach Belieben)*

**1** Den Backofen auf 200° vorheizen und ein Blech mit Backpapier auslegen. Zwiebel und Knoblauch schälen und fein würfeln. Mit der Gewürzmischung und dem Paprika-Tomatenmark gründlich unter das Hackfleisch kneten. Die Masse salzen und pfeffern.

**2** Tomate waschen und klein würfeln, den Stielansatz entfernen. Petersilie waschen, trocken schütteln, Blätter abzupfen und fein hacken. Die Hälfte davon mit der Tomate mit dem Hackfleisch mischen, die Mischung auf den Tortillafladen geben, mit einem Löffelrücken verstreichen, rundherum einen Rand frei lassen.

**3** Die Pizza auf das Blech legen und im heißen Ofen (Mitte) in 8–10 Min. goldbraun und knusprig backen. Inzwischen Schafskäse grob zerbröckeln. Gurke putzen, schälen, längs vierteln und die Viertel in kleine Stücke schneiden. Pizza herausnehmen und mit Gurke, Schafskäse, übriger Petersilie (und ggf. Pul Biber) bestreuen.

*Für 1 Person • 15 Min. Zubereitung • Pro Portion ca. 915 kcal, 24 g E, 36 g F, 78 g KH*

# QUESADILLA MIT GEMÜSE-MIX 🌿

## EXTRACHEESY

*1 Knoblauchzehe*
*3 TL Olivenöl*
*200 g TK-Kürbis-Süßkartoffel-*
*  Gemüse-Mix (mit Bohnen*
*  und Mais)*
*1 TL Chili-con-Carne-*
*  Gewürzmischung*
*1 TL Tomatenmark*
*Salz, Pfeffer*
*2 Spritzer Limettensaft*
*4 Stängel Koriandergrün*
*2 Weizen-Tortillafladen*
*  (Wraps)*
*70 g geriebener Mozzarella*

**1** Knoblauch schälen und fein hacken. 1 TL Öl erhitzen und den Knoblauch darin andünsten. TK-Süßkartoffel-Kürbis-Gemüse dazugeben und bei großer Hitze ca. 3 Min. unter Rühren anbraten. Chiligewürzmischung und Tomatenmark unterrühren, kurz mitbraten und mit 3 EL Wasser ablöschen. Bei mittlerer Hitze 4–5 Min weitergaren. Mit Salz, Pfeffer und Limettensaft abschmecken, kurz abkühlen lassen.

**2** Inzwischen Koriandergrün waschen und trocken schütteln, die Blätter abzupfen, grob zerschneiden und unter das Gemüse mischen. 1 Tortillafladen bis dicht an den Rand mit Gemüse belegen und den Mozzarella daraufstreuen. Den zweiten Fladen darauflegen, leicht andrücken und dünn mit 1 TL Öl bepinseln.

**3** Übriges Öl (1 TL) in einer beschichteten Pfanne erhitzen. Quesadilla mit der Seite ohne Öl nach unten einlegen und bei mittlerer Hitze ca. 2 Min. braten. Wenden, 2–3 Min. braten. Sofort servieren.

# GYROS-PITA MIT ZAZIKI

## GREEK STYLE FAST FOOD

**FÜR DAS ZAZIKI**
*1 Mini-Gurke*
*Salz*
*150 g griechischer Joghurt*
*1 Knoblauchzehe*
*Pfeffer*

**FÜR DAS GYROS**
*1 große grüne Paprika (ersatz-*
*weise 2 kleine grüne türkische*
*Paprika)*
*1 kleine Gemüsezwiebel*
*2 EL Olivenöl*
*Salz, Pfeffer*
*150 g TK-Pfannengyros*
*1 Pita-Tasche (Fertigprodukt)*

**AUSSERDEM**
*½ Bund Dill*

**VEGGIE-TIPP**
Wer fleischlos essen möchte: In vielen Bio-Läden, aber auch in normalen Supermärkten gibt es inzwischen zahlreiche Varianten von Veggie-Gyros, das ähnlich gegart werden kann.

ZAZIKI: Gurke putzen, waschen und auf einer Rohkostreibe grob raspeln. Leicht salzen und 5–10 Min. Wasser ziehen lassen, dann gründlich ausdrücken. Mit dem Joghurt verrühren. Knoblauch schälen und dazupressen, das Zaziki dann mit Salz und Pfeffer würzen.

GYROS: Paprika vierteln, Kerne und Trennwände entfernen, die Viertel waschen und quer in ca. 4 mm breite Streifen schneiden. Zwiebel schälen und längs halbieren, die Hälften dann in dünne Spalten schneiden. Das Öl in einer beschichteten Pfanne erhitzen. Zwiebel und Paprika darin bei großer Hitze 2–3 Min. unter Rühren anbraten, dann bei mittlerer Hitze ca. 3 Min. weiterbraten, leicht salzen und pfeffern, herausnehmen.

Das TK-Pfannengyros ins heiße Bratfett geben und nach Packungsanweisung 8–10 Min. garen. In den letzten 1–2 Min. die Paprika-Zwiebel-Mischung dazugeben und untermischen.

Inzwischen die Pita-Tasche leicht anfeuchten und im Toaster oder in einer zweiten Pfanne nach Packungsanweisung aufbacken. Dill waschen und trocken schütteln, die Spitzen abzupfen und grob zerschneiden. Die Hälfte davon unter das Zaziki, die andere Hälfte unter das Gyros mischen. Die Gyros-Gemüse-Mischung in die Pita-Tasche füllen und die Hälfte des Zaziki daraufgeben. Übriges Zaziki extra dazu servieren.

# PRONTO PASTA, PIZZA, NUDELN

*Für 1 Person • 10 Min. Zubereitung • Pro Portion ca. 460 kcal, 21 g E, 14 g F, 58 g KH*

# HOT PEANUT NOODLES

## SUPERFIX

*1 Packung Instant-Ramen
    (Huhn oder Gemüse;
    ca. 70 g)
1 ½ EL Erdnussmus
2 EL Sojasauce
1 TL Weißweinessig
1 Knoblauchzehe
1 Stück Ingwer (ca. 1 cm)
1 TL Chilisauce (z. B. Sriracha)
1 Frühlingszwiebel
1 Handvoll Baby-Spinat*

**1** Die Ramen nach Packungsanweisung zubereiten und ziehen lassen. Inzwischen das Erdnussmus mit der Sojasauce und dem Essig in einer Bowl glatt verrühren. Knoblauch schälen und dazupressen, Ingwer schälen, winzig fein würfeln und ebenfalls unterrühren. Mit ½–1 TL Chilisauce – je nach persönlicher Schärfevorliebe – würzen.

**2** Die Frühlingszwiebel putzen, waschen, trocken schütteln und mit dem Grün in feine Ringe schneiden. Den Baby-Spinat waschen und trocken schütteln. 2 EL von der Ramenbrühe abnehmen und mit der Erdnusssauce mischen.

**3** Die Ramen in ein Sieb abgießen (die Brühe wird nicht verwendet) und in die Bowl geben. Sofort mit der Erdnusssauce, gut der Hälfte der Frühlingszwiebelringe und dem Spinat mischen. Mit den übrigen Frühlingszwiebeln bestreuen und gleich genießen.

*Für 1 Person • 15 Min. Zubereitung • Pro Portion ca. 560 kcal, 23 g E, 27 g F, 53 g KH*

# RAMENSUPPE MIT EI

### SOULFOOD ZUM LÖFFELN

1 Mini-Pak-Choi
1 EL Rapsöl
3 EL Sojasauce
1 Packung Instant-Ramen
  (Huhn oder Gemüse;
  ca. 70 g)
1 Frühlingszwiebel
50 g Mungbohnensprossen
1 hart gekochtes Ei (Brotzeit-Ei)
1 TL Butter
Chilisauce zum Beträufeln (z. B.
  Sriracha; nach Belieben)

**1** Den Pak Choi waschen, in Blätter teilen und diese quer in ca. 1 cm breite Streifen schneiden. Das Öl in einer Pfanne erhitzen und den Pak Choi darin bei großer Hitze 1 Min. braten. Mit 1 EL Sojasauce ablöschen, die Pfanne vom Herd nehmen.

**2** Die Ramen nach Packungsanweisung zubereiten und ziehen lassen. Inzwischen Frühlingszwiebel putzen, waschen und mit dem Grün schräg in feine Ringe scheiden. Die Bohnensprossen in einem Sieb kurz mit kochend heißem Wasser überbrühen (dieses am besten im Wasserkocher erhitzen). Das Ei pellen und halbieren.

**3** Die Butter unter die Ramensuppe rühren und schmelzen lassen. Die Suppe mit der übrigen Sojasauce (2 EL) würzen und in eine Bowl oder einen Suppenteller geben. Bohnensprossen, Pak Choi, Frühlingszwiebel und Eierhälften auf den Nudeln anrichten. Nach Wunsch mit Chilisauce beträufeln.

*Für 1 Person • 15 Min. Zubereitung •*
*Pro Portion ca. 680 kcal, 33 g E, 13 g F, 103 g KH*

*Für 1 Person • 15 Min. Zubereitung •*
*Pro Portion ca. 1 000 kcal, 33 g E, 50 g F, 99 g KH*

# GEPIMPTE PASTA AURORA

## TOMATENSAUCE MIT DEM BLUBB

*125 g Penne • Salz • 1 kleine Zwiebel • 5 braune Champignons • ½ Glas Tomatensauce (ca. 175 g) • 2 Scheiben gekochter Schinken • 5 EL Sahne • 5 Stängel Petersilie • Pfeffer*

**1** Die Penne nach Packungsanweisung in Salzwasser garen. Inzwischen die Zwiebel schälen, halbieren und quer in feine Streifen schneiden. Die Pilze putzen, sauber reiben und längs in dünne Scheiben schneiden. Beides mit der Tomatensauce in einem Topf bei mittlerer Hitze ca. 10 Min. köcheln lassen. Penne in ein Sieb abgießen und abtropfen lassen.

**2** Inzwischen Schinken in breite, kurze Streifen schneiden. Mit der Sahne unter die Sauce rühren, 5 Min. köcheln lassen. Petersilie waschen, trocken schütteln, Blätter abzupfen, hacken und unterrühren. Mit Salz und Pfeffer würzen. Penne im Topf mit der Sauce mischen und kurz ziehen lassen.

# PASTA DIAVOLA MIT SALSICCIA

## HÖLLISCH SCHARF & LECKER

*125 g Spaghetti • Salz • 2 frische Salsicce (ca. 120 g nach Wunsch mit Fenchel) • 1 Knoblauchzehe • 1 rote Chilischote • 1 EL Olivenöl • ½ Glas Tomatensauce (ca. 175 g)*

**1** Spaghetti nach Packungsanweisung in Salzwasser garen, anschließend in ein Sieb abgießen und abtropfen lassen. Inzwischen Salsicce aufschlitzen, Brät aus der Pelle drücken und grob zerteilen. Knoblauch schälen und hacken, Chili längs halbieren, Kerne und Trennwände entfernen, die Hälften waschen und fein hacken.

**2** Das Öl in einem Pfännchen erhitzen, Knoblauch und Chili darin andünsten. Wurst unterrühren und bei großer Hitze 3–4 Min. braten. Tomatensauce zugeben und bei mittlerer Hitze 8–10 Min. köcheln lassen. Spaghetti im Topf mit der Sauce mischen, kurz ziehen lassen und servieren.

*Für 1 Person • 10 Min. Zubereitung •*
*20 Min. Backen •*
*Pro Portion ca. 975 kcal, 19 g E, 41 g F, 10 g KH*

*Für 1 Person • 10 Min. Zubereitung •*
*15 Min. Backen •*
*Pro Portion ca. 1095 kcal, 22 g E, 52 g F, 10 g KH*

# PIZZA TOMATE HOCH 3 🌿

### FÜR TOMATENLIEBHABER

# PIZZA ROT AUF WEISS 🌿

### UNGEWÖHNLICH & RAFFINIERT

*½ Rolle Pizzateig (ca. 200 g) • 50 g getrocknete Tomaten (in Öl) • 1 EL Tomaten-Einlegeöl • 100 g Tomatensauce (Glas) • 1 EL Tomatenmark • Salz • Pfeffer • 80 g geriebener Mozzarella • 100 g Kirschtomaten • 1 Frühlingszwiebel*

*½ Rolle Pizzateig (ca. 200 g; aus dem Kühlregal) • 1 Knoblauchzehe • 150 g Crème fraîche • Salz • Pfeffer • ⅓ TL getrockneter Majoran • 50 g frisch geriebener Parmesan • 1 große Fleischtomate • 1 EL Olivenöl • 2 Stängel Basilikum*

**1** Den Backofen auf 220° vorheizen. Teig samt Pergament ausrollen, halbieren, 1 Hälfte wieder aufrollen, verpackt im Kühlschrank aufbewahren.

**2** Tomaten in Streifen schneiden. Das Einlegeöl mit Tomatensauce und -mark glatt rühren, mit Salz und Pfeffer würzen und auf dem Teig verstreichen. Mozzarella aufstreuen. Kirschtomaten waschen, halbieren und mit den getrockneten Tomaten darauf verteilen. Die Pizza im heißen Ofen (Mitte) in 18–20 Min. knusprig backen. Inzwischen die Frühlingszwiebel putzen, waschen und mit dem Grün in Ringe schneiden. Pizza damit bestreuen und servieren.

**1** Den Backofen auf 220° vorheizen. Teig samt Pergament ausrollen, halbieren, 1 Hälfte wieder aufrollen, verpackt im Kühlschrank aufbewahren.

**2** Knoblauch schälen und in die Crème fraîche pressen. Mit Salz, Pfeffer und Majoran würzen, dann Parmesan unterrühren. Die Creme auf dem Pizzaboden verteilen. Tomate waschen und quer in ganz dünne Scheiben schneiden. Auf der Creme verteilen, mit Olivenöl beträufeln und pfeffern. Im heißen Ofen (unten) in ca. 15 Min. knusprig backen. Inzwischen Basilikum waschen, trocken schütteln, Blätter ab- und grob zerzupfen. Auf die gebackene Pizza streuen.

*Für 1 Person • 15 Min. Zubereitung • Pro Portion ca. 710 kcal, 20 g E, 37 g F, 70 g KH*

# SZEGEDINER SCHUPFNUDELPFANNE

## WINTERGERICHT

1 Beutel (2 Minuten-)
  Sauerkraut (150 g; ersatzweise 3-Minuten-Kraut aus
  der Dose)
1 kleine Zwiebel
2 EL Rapsöl
2 EL Schinkenspeckwürfel
200 g Schupfnudeln (aus dem
  Kühlregal)
3 EL Schmand
⅓ TL edelsüßes Paprikapulver
2 Msp. Chilipulver
Salz, Pfeffer
½ Bund Schnittlauch

**1** Das Sauerkraut aus dem Beutel nehmen. Die Zwiebel schälen und fein würfeln. 1 EL Öl in einer beschichteten Pfanne erhitzen, die Speckwürfel darin knusprig braun braten und herausnehmen. Die Schupfnudeln ins Bratfett geben und bei mittlerer Hitze rundherum braun braten. Herausnehmen.

**2** Übriges Öl (1 EL) in der Pfanne erhitzen und die Zwiebel darin goldgelb dünsten. Sauerkraut und 3–4 EL Wasser dazugeben. Den Schmand unterrühren und alles mit Paprika- und Chilipulver, Salz und Pfeffer würzen. Bei kleiner Hitze zugedeckt ca. 3 Min. schmoren lassen. Inzwischen den Schnittlauch waschen, trocken schütteln und in Röllchen schneiden.

**3** Die Schupfnudeln, den gebratenen Speck und gut die Hälfte des Schnittlauchs in die Pfanne geben und mit dem Sauerkraut mischen. Mit dem übrigen Schnittlauch bestreuen und gleich genießen.

*Für 1 Person • 15 Min. Zubereitung • Pro Portion ca. 710 kcal, 12 g E, 38 g F, 80 g KH*

# GNOCCHI-PFANNE MIT ZUCCHINI 🌿

## SOMMERGERICHT

*3 getrocknete Tomaten (in Öl)*
*1 kleiner Zucchino*
*1 Knoblauchzehe*
*1 kleine rote Chilischote*
*40 g verzehrfertiger Rucola*
  *(aus dem Kühlregal)*
*6 Stängel Petersilie*
*2 EL Olivenöl*
*Salz, Pfeffer*
*1 TL Butter*
*½ Packung Gnocchi (aus dem*
  *Kühlregal)*

**1** Die getrockneten Tomaten in feine Streifen schneiden. Den Zucchino putzen, waschen, längs vierteln und die Viertel in 4 mm dicke Scheiben schneiden. Knoblauch schälen und fein würfeln. Chili halbieren, Kerne und Trennwände entfernen, die Hälften waschen und in schmale Streifen schneiden. Rucola und Petersilie waschen und trocken schütteln. Die Petersilienblätter abzupfen und mit dem Rucola grob zerschneiden.

**2** Das Öl in einer beschichteten Pfanne erhitzen. Die Zucchinischeiben darin bei großer Hitze in 2–3 Min. leicht braun braten. Knoblauch und Chili dazugeben und bei mittlerer Hitze weitere 2 Min. braten, salzen und pfeffern.

**3** Butter, Gnocchi und getrocknete Tomaten unterrühren und 3–4 Min. braten, ab und zu umrühren. Rucola und Petersilie untermischen und kurz zusammenfallen lassen. Die Gnocchi-Pfanne servieren.

Für 1 Person • 10 Min. Zubereitung • 15 Min. Backen • Pro Portion ca. 815 kcal, 97 g E, 61 g F, 353 g KH

# NUDEL-FRITTATA MIT ERBSEN 🌿

### FRÜHLINGSREZEPT

125 g frische Bandnudeln
(ersatzweise Tagliatelle; aus
dem Kühlregal)
Salz
1 Schalotte
2 EL Öl
100 g TK-Erbsen
Pfeffer
3 Eier (M)
frisch geriebene Muskatnuss
3 EL geriebener Gratinkäse
(aus dem Kühlregal)
1 kleines Bund Bärlauch
(ersatzweise ½ Bund
Schnittlauch)

**1** Den Backofen auf 200° vorheizen. Die Nudeln nach Packungsan-weisung in Salzwasser garen, in ein Sieb abgießen, kalt abbrausen und abtropfen lassen. Inzwischen die Schalotte schälen und in feine Würfel schneiden.

**2** Das Öl in einer ofenfesten Pfanne erhitzen und die Schalotte da-rin goldgelb dünsten. TK-Erbsen dazugeben und 4 Min. mitdünsten, leicht salzen und pfeffern. Die Eier verquirlen und leicht mit Salz, Pfeffer und Muskatnuss würzen. Den Käse unterrühren.

**3** Den Bärlauch waschen, trocken schütteln, die Stiele abschneiden und die Blätter in Streifen schneiden. Bärlauch und Nudeln in die Pfanne geben, alles mischen und leicht flach drücken. Die Eier-mischung darübergießen. Die Pfanne in den heißen Ofen (Mitte) stellen und die Frittata 12–15 Min. backen, bis das Ei vollständig gestockt und oben leicht gebräunt ist.

*Für 1 Person • 10 Min. Zubereitung • 25 Min. Backen • Pro Portion ca. 795 kcal, 36 g E, 43 g F, 52 g KH*

# SPÄTZLE-GEMÜSE-AUFLAUF

### WÄRMT LEIB UND SEELE

*150 g TK-Gemüse-Mix (z. B.
Schwedische Art mit Erbsen,
Möhren, Brokkoli und
Blumenkohl)*
*Butter für die Form*
*30 g Kasseleraufschnitt*
*Bund Petersilie*
*1 Ei*
*100 g Sahne*
*Salz, Pfeffer*
*frisch geriebene Muskatnuss*
*150 g Eierspätzle (Frischeregal)*
*50 geriebener Emmentaler
(aus dem Kühlregal)*

**1** Den Backofen auf 200° vorheizen. Das TK-Gemüse in einer Pfanne mit 1 EL Wasser bei mittlerer Hitze in 3–4 Min auftauen. Inzwischen eine kleine Auflaufform (ca. 500 ml Fassungsvermögen) mit Butter ausstreichen. Kasseler in Würfel schneiden. Petersilie waschen, trocken schütteln, Blätter abzupfen und grob zerschneiden.

**2** Ei und Sahne verquirlen, kräftig mit Salz, Pfeffer und Muskatnuss würzen. Einen großen Teil der Petersilie zum Gemüse geben, einmal durchrühren, leicht salzen und pfeffern. Die Pfanne vom Herd nehmen. Spätzle, Kassler und 25 g Emmentaler dazugeben. Alle Zutaten gut mischen und in die Form füllen. Die Eiersahne darübergießen und den übrigen Emmentaler (25 g) darüberstreuen.

**3** Den Auflauf im heißen Ofen (Mitte) in 20–25 Min. goldbraun backen. Herausnehmen und mit der übrigen Petersilie bestreuen.

*Für 1 Person • 20 Min. Zubereitung • Pro Portion ca. 950 kcal, 25 g E, 53 g F, 36 g KH*

# MAULTASCHEN-GYOZA AUF PAK CHOI ◖

## SCHWÄBISCH-ASIATISCHE LIAISON

*3 Maultaschen mit Gemüsefüllung
    (aus dem Kühlregal; ca. 180 g)*
*Salz*
*2 Baby-Pak-Choi*
*5 EL Rapsöl*
*2 ½ EL Sojasauce*
*Saft von ½ Orange*
*1 Msp. Chiliflocken*
*3 EL Mehl*
*1 Ei (M)*
*50 g Sesam*
*Sojasauce zum Dippen (nach
    Belieben)*

### TAUSCH-TIPP
Für Fleischliebhaber: Hier passen selbstverständlich auch Maultaschen mit Fleischfüllung, dann die Sojasauce zum Dippen mit etwas Weißweinessig abschmecken!

**1**  Die Maultaschen nach Packungsanweisung in Salzwasser garen. Herausheben und mindestens lauwarm abkühlen lassen. Inzwischen Pak Choi putzen, waschen und längs vierteln. 2 EL Öl in einer kleinen, beschichteten Pfanne erhitzen und den Pak Choi darin rundherum bei großer Hitze anbraten, bis er leicht bräunt. Mit 2 EL Sojasauce und dem Orangensaft ablöschen. Die Chiliflocken dazugeben und das Gemüse bei kleiner Hitze in 2–3 Min. fertig dünsten. Aus der Pfanne nehmen und auf einem Teller anrichten, mit dem Garsud übergießen.

**2**  Inzwischen das Mehl in einen tiefen Teller geben. Das Ei in einem zweiten Teller mit übriger Sojasauce (½ EL) verquirlen. Sesam in einen dritten tiefen Teller geben. Die Maultaschen zuerst im Mehl wenden, überschüssiges Mehl abschütteln, dann durch das Ei ziehen, überschüssiges Ei abtropfen lassen, dann im Sesam wenden, dabei die Sesamsamen leicht andrücken.

**3**  Die Pfanne auswischen, übriges Öl (3 EL) hineingeben und erhitzen. Die panierten Maultaschen hinzufügen und pro Seite ca. 5 Min. braten, dabei mehrmals wenden, damit der Sesam nicht verbrennt. Maultaschen herausnehmen und diagonal halbieren oder vierteln. Die Stücke auf dem Pak Choi anrichten. Nach Belieben etwas Sojasauce in ein Schälchen geben und zum Dippen für die Maultaschen dazu servieren.

*Für 1 Person • 5 Min. Zubereitung • 15 Min. Backen •*
*Pro Portion ca. 1 045 kcal, 14 g E, 76 g F, 11 g KH*

*Für 1 Person • 5 Min. Zubereitung • 15 Min. Backen •*
*Pro Portion ca. 575 kcal, 40 g E, 20 g F, 11 g KH*

# RÖSTI FLORENTINE 🌿

### ECHT EDEL

# RÖSTI-BURGER MIT LACHS

### FÜR FEINSCHMECKER

*3 TK-Rösti-Ecken (à ca. 50 g) • 150 g TK-Blattspinat • 1 TL (körniger) Senf • 150 g Sauce Hollandaise (aus Tetrapak oder Flasche) • Salz • 1 Ei (M) • Pfeffer*

*2 TK-Rösti-Ecken (à ca. 50 g) • 2 TL TK-8-Kräuter-Mischung • 200 g körniger Frischkäse • 2 Msp. abgeriebene Bio-Zitronenschale • Salz • Pfeffer • 1 Mini-Gurke • 50 g geräucherter Lachs (in Scheiben)*

**1** Rösti-Ecken nach Packungsanweisung im Backofen zubereiten. Inzwischen TK-Spinat mit 1–2 EL Wasser in einem kleinen Topf auftauen. Senf und Sauce Hollandaise unterrühren und den Spinat bei kleiner Hitze ca. 3 Min. garen.

**2** In einem kleinen Topf Wasser zum Kochen bringen und salzen. Hitze reduzieren. Das Ei in ein Schälchen aufschlagen. Mit einem Kochlöffel einen Strudel ins sanft kochende Wasser rühren, das Ei hineingleiten lassen und in 3–4 Min. im leicht siedenden Wasser gar ziehen lassen. Fertige Rösti nebeneinander auf einen Teller legen, Spinat mit Sauce darauf verteilen, das Ei daraufsetzen, mit Pfeffer würzen.

**1** Die Rösti-Ecken nach Packungsanweisung im Backofen zubereiten. Inzwischen die TK-Kräuter mit dem Frischkäse mischen, mit Zitronenschale, Salz und Pfeffer würzen. Die Gurke putzen, waschen und schräg in sehr dünne Scheiben schneiden.

**2** Die Rösti aus dem Ofen nehmen und ganz kurz abkühlen lassen. Die Hälfte des Frischkäses auf eine Rösti-Ecke geben, darauf die Lachsscheiben drapieren. Mit so vielen Gurkenscheiben belegen, wie daraufpassen, übrigen Frischkäse darauf verteilen und alles mit der zweiten Rösti-Ecke abdecken. Übrige Gurkenscheiben dazu essen.

*Für 1 Person • 10 Min. Zubereitung • 15 Min. Backen •*
*Pro Portion ca. 940 kcal, 5 g E, 56 g F, 12 g KH*

*Für 1 Person • 10 Min. Zubereitung • 20 Min. Backen •*
*Pro Portion ca. 725 kcal, 24 g E, 28 g F, 10 g KH*

# LAUWARMER RÖSTI-SALAT 🍃

### ZUM KNUSPERN GUT

*4 TK-Rösti-Ecken (à ca. 50 g) • 1 kleine rote Zwiebel • 125 g Kirschtomaten • ½ TL Senf • 3 EL Gemüsebrühe • 3 TL Weißweinessig • Salz • Pfeffer • 4 EL Olivenöl • ½ Bund Basilikum • 40 g verzehrfertiger Rucola (aus dem Kühlregal) • 2 EL schwarze Oliven in Ringen*

**1** Rösti-Ecken antauen lassen. Zwiebel schälen und in dünne Ringe schneiden. Tomaten waschen und halbieren. Senf mit Brühe und Essig verrühren, salzen, pfeffern, 2 EL Öl unterschlagen. Basilikum und Rucola waschen, Blätter abzupfen und beides grob zerschneiden.

**2** Rösti-Ecken in Stücke schneiden. Übriges Öl (2 EL) in der Pfanne erhitzen, Rösti-Stücke darin bei mittlerer Hitze rundherum knusprig braun braten. Herausnehmen, kurz abkühlen lassen, dann mit Oliven, Tomaten, Zwiebel, Rucola, Basilikum und Dressing mischen. Sofort servieren.

# ÜBERBACKENE GEMÜSE-RÖSTI 🍃

### ÜPPIGES OFENGERICHT

*4 TK-Rösti-Ecken (à ca. 50 g) • 1 Knoblauchzehe • 1 EL Olivenöl • 125 g TK-Grillgemüse-Mix (ungewürzt) • Salz • Pfeffer • ⅓ TL getrockneter Oregano • 4 EL Tomatensauce (Glas) • 50 g gekochter Schinken • 50 g geriebener Mozzarella*

**1** Rösti-Ecken nach Packungsanweisung im Backofen zubereiten, aber nur bis knapp 10 Min. vor Garzeitende. Inzwischen Knoblauch schälen und fein hacken. Das Öl in einer kleinen Pfanne erhitzen und den Knoblauch darin andünsten. TK-Gemüse dazugeben, leicht mit Salz, Pfeffer und Oregano würzen und 4 Min. braten, gegen Ende die Tomatensauce unterrühren. Schinken in Streifen schneiden und untermischen.

**2** Blech aus dem Ofen nehmen, Temperatur auf 220° erhöhen, Gemüse-Schinken-Mischung auf den Rösti verteilen, Käse darüberstreuen. Im heißen Ofen (Mitte) 8–10 Min. überbacken.

# SCHNELLER MITTAGSTELLER

# SPANISCHE BOHNENPFANNE MIT EI

### EIN-PFANNEN-GERICHT

1 kleine (Koch-)Chorizo (ca. 60 g,
   ersatzweise 60 g Chorizo in
   dicken Scheiben)
1 Knoblauchzehe
1 rote Paprika
1 EL Öl zum Braten
1 TL Tomatenmark
1 Dose Baked Beans (400 g)
⅓ TL (geräuchertes) Chilipulver
   (am besten Pimentón de la
   vera)
⅓ TL gemahlener Kreuzkümmel
Salz, Pfeffer
5 Stängel Koriandergrün
1 Ei (M)

### TIPP

Pimentón de la vera ist ein geräuchertes Paprikapulver aus Spanien, das Speisen ein tolles, rauchiges Aroma gibt. Es ist mild (dulce) oder leicht scharf (forte) erhältlich.

**1** Chorizo in Scheiben schneiden, sollte sie sehr dick sein, die Scheiben halbieren. Knoblauch schälen und fein hacken. Paprika halbieren, Kerne und Trennwände entfernen, die Hälften waschen und längs in knapp 1 cm breite Streifen, diese in knapp 1 cm kleine Stücke schneiden.

**2** Das Öl in einer kleinen Pfanne erhitzen, Knoblauch und Chorizo darin bei großer Hitze 2 Min. anbraten. Paprika zugeben und bei mittlerer Hitze unter gelegentlichem Rühren 3–5 Min. braten. Tomatenmark unterrühren und 1 Min. unter Rühren mitrösten, mit 3 EL Wasser ablöschen. Baked Beans unterrühren und mit Chili, Kreuzkümmel, evtl. wenig Salz und Pfeffer würzen. Zugedeckt bei kleiner Hitze 5 Min. köcheln lassen.

**3** Inzwischen Koriandergrün waschen und trocken schütteln, Blätter abzupfen und grob zerschneiden. In die Mitte der Bohnenmasse mit einem Löffelrücken eine Mulde drücken. Das Ei aufschlagen und hineingleiten lassen. Zugedeckt bei mittlerer Hitze in 5–8 Min. stocken lassen. Mit Koriandergrün bestreuen und am besten mit Weißbrot direkt aus der Pfanne essen.

*Für 1 Person • 10 Min. Zubereitung • 15 Min. Garen • Pro Portion ca. 620 kcal, 37 g E, 29 g F, 50 g KH*

# HÄHNCHENCURRY MIT KÜRBIS

### INDISCH

*1 kleines Hähnchenbrustfilet
(ca. 120 g)
1 kleine rote Zwiebel
1 Stück Ingwer (ca. 1 cm)
1 EL Rapsöl
Salz, Pfeffer
150 g TK-(Hokkaido-)Kürbis
in Würfeln
½ Packung Butter-Chicken-
Sauce Indische Art
(ca. 175 g, ersatzweise
½ Glas Curry Indische Art)
5 Stängel Koriandergrün
1 Handvoll Baby-Spinat*

**1** Das Hähnchenfleisch in kleine Streifen oder Würfel schneiden. Die Zwiebel schälen, längs halbieren und die Hälften der Länge nach in schmale Streifen schneiden. Ingwer schälen und sehr fein würfeln.

**2** Das Öl in einem Topf erhitzen und die Zwiebelstreifen darin bei mittlerer Hitze in 4–5 Min. weich dünsten. Ingwer und Hähnchenfleisch zugeben, leicht salzen und pfeffern und bei großer Hitze rundherum anbraten. TK-Kürbis dazugeben und 1 Min. mitbraten, dann die Currysauce zugeben. Bei kleiner Hitze 8–10 Min. zugedeckt köcheln lassen.

**3** Inzwischen Koriandergrün waschen, trocken schütteln, Blätter abzupfen und grob zerschneiden. Baby-Spinat waschen, trocken schütteln, unter das Curry rühren und kurz zusammenfallen lassen. Mit Koriandergrün bestreuen und mit Minutenreis oder Naan genießen.

*Für 1 Person • 20 Min. Zubereitung • Pro Portion ca. 405 kcal, 37 g E, 18 g F, 23 g KH*

# KOKOS-FISCH-CURRY

## THAI-STYLE

*180 g weißfleischiges Fischfilet
(z. B. Rotbarsch)
Saft von ½ Limette
Salz, Pfeffer
2 Frühlingszwiebeln
1 rote Paprika
50 g Zuckerschoten
1 EL Rapsöl
½ Packung Würzpaste Thai-
curry (ca. 33 g)
1 kleine Dose Kokosmilch
(200 g)*

**1** Fischfilet in ca. 2 cm große Würfel schneiden und mit 1 EL Limettensaft mischen, leicht salzen und pfeffern. Frühlingzwiebeln putzen, waschen, den grünen und weißen Teil getrennt in Ringe schneiden. Paprika längs halbieren, Kerne und Trennwände entfernen, die Hälften waschen und längs in schmale Streifen schneiden. Zuckerschoten putzen, waschen und quer in Streifen schneiden.

**2** Das Öl in einem Topf erhitzen, Paprika und weiße Zwiebelringe darin unter Rühren 3 Min. anbraten. 2 EL Wasser dazugeben. Bei mittlerer Hitze 2 Min. dünsten, bis das Wasser verdunstet ist. Currypaste und Zuckerschoten unterrühren, kurz mitrösten. Die Kokosmilch dazugießen, gut durchrühren.

**3** Fisch einlegen und leicht in die Sauce drücken. Zugedeckt bei kleiner Hitze in ca. 5 Min. gar ziehen lassen. Mit Limettensaft abschmecken und mit Zwiebelgrün bestreuen. Dazu passt Minutenreis.

*Für 1 Person • 15 Min. Zubereitung • Pro Portion ca. 670 kcal, 30 g E, 38 g F, 49 g KH*

# EXPRESS-KEDGEREE

## ANGLO-INDISCHER KLASSIKER

*1 kleine rote Zwiebel*
*1 Knoblauchzehe*
*2 EL Öl*
*50 g TK-Erbsen*
*1 geräuchertes Makrelenfilet*
*(ohne Haut, ca. 100 g)*
*⅓ Bund Koriandergrün*
*1 TL Currypulver*
*½ Packung Expressreis*
*(ca. 110 g; Basmati oder*
*Langkorn)*
*Salz, Pfeffer*
*½ Limette*

**1** Die Zwiebel schälen und längs halbieren. Die Hälften in Halbringe schneiden. Den Knoblauch schälen und fein würfeln. Das Öl in einer beschichteten Pfanne erhitzen und die Zwiebel darin glasig andünsten, gegen Ende den Knoblauch dazugeben. TK-Erbsen hinzufügen und unter gelegentlichem Rühren 8–10 Min. garen, dabei nach und nach 1–2 EL Wasser zugeben.

**2** Inzwischen das Makrelenfilet in mundgerechte Stücke zupfen. Koriandergrün waschen, trocken schütteln, Blätter abzupfen und grob zerschneiden. Das Currypulver über die Erbsen streuen und unter Rühren kurz anrösten. 2 EL Wasser, dann den Reis unterrühren und ca. 2 Min. heiß werden lassen. Salzen und pfeffern.

**3** Die Makrelenstücke und einen Großteil des Koriandergrüns vorsichtig unterheben. Mit dem übrigen Koriandergrün bestreuen. Die Limettenhälfte zum Beträufeln dazulegen.

*Für 1 Person • 15 Min. Zubereitung • Pro Portion ca. 460 kcal, 32 g E, 11 g F, 53 g KH*

# EASY FRIED RICE

## GRUSS AUS CHINATOWN

*2 Frühlingszwiebeln*
*2 dicke Scheiben gekochter*
*Schinken (ca. 70 g)*
*1 ½ EL Sojasauce*
*Salz*
*1 TL Zucker*
*¼ TL gemahlene Kurkuma*
*weißer Pfeffer*
*1 Ei*
*Öl zum Braten*
*150 g TK-Wok-Gemüse*
*½ Packung Expressreis*
*(ca. 110 g; Basmati oder*
*Langkorn)*

**1** Frühlingszwiebeln putzen, waschen, den weißen und grünen Teil getrennt in Ringe schneiden. Schinken in ca. 1 cm breite Streifen schneiden. Sojasauce, ⅓ TL Salz, Zucker und Kurkuma mit 2 EL heißem Wasser verrühren, mit Pfeffer würzen. Die Sauce beiseitestellen. Das Ei verquirlen, leicht salzen und pfeffern.

**2** In einer beschichteten Pfanne 1 TL Öl erhitzen. Das Ei darin bei großer Hitze braten, bis es stockt. Sofort mit einem Holzlöffel zerzupfen und herausnehmen. 1 EL Öl in die Pfanne geben, weiße Zwiebelringe dazugeben und 2 Min. unter Rühren anbraten. TK-Gemüse und 2–3 EL Wasser hinzufügen, 3–4 Min. unter Rühren garen.

**3** Den Reis untermischen und 1 Min. mitbraten, dann die Würzsauce dazugeben und alles unter Rühren 1–2 Min. weiterbraten. Schinken und Ei unterheben und heiß werden lassen. Das Gericht mit dem Zwiebelgrün bestreuen, fertig!

*Für 1 Person • 15 Min. Zubereitung • Pro Portion ca. 945 kcal, 53 g E, 29 g F, 278 g KH*

# GESCHNETZELTES STROGANOFF MIT NUDELN

## SCHNELLER KLASSIKER AUS RUSSLAND

1 Schalotte
1 Glas Mixed Pickles (ca. 350 g)
8 kleine Champignons
1 ½ EL Butter
Salz, Pfeffer
1 Dose (Rahm-)Geschnetzeltes
   (ca. 400 g)
¾ TL Senf
100 g frische Bandnudeln (aus
   dem Kühlregal)
6 Stängel Petersilie
2 EL saure Sahne

**1** Die Schalotte schälen und fein würfeln. Aus den Mixed Pickles die Silberzwiebeln und 2–3 Essiggürkchen herausfischen (den Rest anderweitig verwerten). Die Zwiebeln ganz lassen oder halbieren, Gurken in Scheiben schneiden. Die Champignons putzen, sauber reiben und längs in ca. 3 mm dicke Scheiben schneiden.

**2** Das Wasser für die Nudeln aufsetzen (oder noch schneller: im Wasserkocher zum Kochen bringen, dann in einen kleinen Topf umgießen). 1 EL Butter in einer kleinen Pfanne zerlassen und die Schalotte darin glasig dünsten. Die Pilze dazugeben und bei mittlerer Hitze 2–3 Min. anbraten. Leicht salzen und pfeffern. Das Geschnetzelte unterrühren, Gurken, Silberzwiebeln und Senf unterrühren. Alles bei kleiner Hitze 3–5 Min. köcheln lassen.

**3** Inzwischen das kochende Nudelwasser salzen. Die Nudeln darin nach Packungsanweisung garen, in ein Sieb abgießen und abtropfen lassen, dann mit übriger Butter (½ EL) mischen. Falls nötig, kurz zugedeckt warm halten.

**4** Die Petersilie waschen, trocken schütteln, Blätter abzupfen und fein schneiden. Die saure Sahne unter das Geschnetzelte rühren, mit Salz und Pfeffer abschmecken und die Petersilie unterrühren. Die Nudeln auf einen Teller geben und das Geschnetzelte dazu oder darauf anrichten.

*Für 1 Person • 10 Min. Zubereitung • 10 Min. Garen • Pro Portion ca. 795 kcal, 12 g E, 28 g F, 26 g KH*

# FEURIGER GULASCH-BOHNEN-TOPF

### FEURIGER SEELENWÄRMER

1 kleine rote Spitzpaprika
1 kleine Zwiebel
1 EL Rapsöl
3 EL Weißwein
1 Mini-Dose weiße Bohnen
    (ca. 125 g Abtropfgewicht)
1 Dose (Rinder-)Gulasch
    (400 g)
125 ml Fleischbrühe
⅓ TL getrockneter Oregano
⅓ TL (geräuchertes) Chilipul-
    ver (am besten Pimentón
    de la vera)
Salz, Pfeffer
2 EL saure Sahne (nach
    Belieben)

**1** Die Spitzpaprika längs halbieren, Kerne und Trennwände entfernen, die Hälften waschen und quer in 3–4 mm dicke Streifen schneiden. Die Zwiebel schälen und längs halbieren, die Hälften der Länge nach in dünne Streifen schneiden.

**2** Das Öl in einem kleinen Topf erhitzen, die Zwiebelstreifen hinzufügen und goldgelb dünsten. Die Paprikastreifen dazugeben und bei mittlerer bis großer Hitze 1–2 Min. anbraten. Den Wein dazugeben und das Gemüse zugedeckt bei mittlerer Hitze 3–4 Min. dünsten.

**3** Inzwischen die Bohnen in ein Sieb abgießen, kalt abbrausen und abtropfen lassen. Gulasch, Bohnen und Brühe in den Topf geben, mit Oregano, Chilipulver, evtl. noch etwas Salz und Pfeffer würzen. Zugedeckt bei kleiner Hitze 5 Min. leicht köcheln lassen. Das Gulasch in einen Suppenteller oder eine Schale füllen und nach Wunsch mit saurer Sahne toppen.

*Für 1 Person • 10 Min. Zubereitung • 10 Min. Garen • Pro Portion ca. 720 kcal, 40 g E, 31 g F, 62 g KH*

# ITALIENISCHER LINSENEINTOPF

### SCHMECKT NACH URLAUB

*2 Tomaten*
*1 Salsiccia (ca. 60 g, ital. grobe*
  *Bratwurst)*
*2 Knoblauchzehen*
*1 EL Olivenöl*
*1 EL Tomatenmark*
*1 Zweig Thymian (ersatzweise*
  *¼ TL getrockneter Thymian)*
*1 Dose (vegetarischer) Linsen-*
  *eintopf (400 g)*
*100 ml Gemüsebrühe*
*2 EL Aceto balsamico*
*Salz, Pfeffer*

**1**  Die Tomaten waschen und in kleine Würfel schneiden, dabei den Stielansatz entfernen, den Saft auffangen. Die Salsiccia in Scheiben schneiden. Den Knoblauch schälen und in feine Würfel schneiden.

**2**  Das Öl in einem Topf erhitzen. Salsiccia-Scheiben und Knoblauch-würfel dazugeben und braten, bis die Wurst leicht bräunt. Das Toma-tenmark und die Tomatenwürfel mitsamt dem Saft dazugeben und unter Rühren 2–4 Min. braten, bis die Flüssigkeit verdampft ist.

**3**  Inzwischen den Thymian waschen und trocken schütteln, die Blättchen abzupfen und hacken. Mit dem Linseneintopf und der Brü-he in den Topf geben. Alles zugedeckt bei kleiner Hitze 5–10 Min. garen. Mit Aceto balsamico, Salz und Pfeffer abschmecken und mit Weißbrot, z. B. Ciabatta, genießen.

*Für 1 Person • 20 Min. Zubereitung • Pro Portion ca. 760 kcal, 21 g E, 59 g F, 35 g KH*

# BRATWURST-GRÖSTL MIT PILZEN

### ECHT ZÜNFTIG

*100 g Nürnberger Rost-
   bratwürste (ersatzweise
   Thüringer)
1 kleine rote Zwiebel
5 braune Champignons
1 EL Rapsöl
Salz, Pfeffer
2 TL Butter
½ Packung Bratkartoffeln
   (ca. 200 g)
¼ TL getrockneter Majoran
⅓ Bund Schnittlauch*

**1**  Die Bratwürste in ca. 1 cm breite Scheiben schneiden. Die Zwiebel schälen und längs halbieren, die Hälften in schmale Streifen schneiden. Die Champignons putzen, sauber reiben und längs in 3–4 mm dicke Scheiben schneiden.

**2**  Das Öl in einer Pfanne erhitzen. Die Champignons hinzufügen und bei großer Hitze 2 Min. anbraten, dann die Zwiebel unterrühren und bei kleiner bis mittlerer Hitze in 3–4 Min. weich dünsten. Leicht salzen und pfeffern, die Butter unterrühren und schmelzen lassen.

**3**  Wurstscheiben und Bratkartoffeln dazugeben und das Gericht mit Majoran würzen. Weitere 5–6 Min. braten, bis alles schön gebräunt ist, dabei mehrmals umrühren. Den Schnittlauch waschen, trocken schütteln und in Röllchen schneiden. Das Gröstl damit bestreuen und servieren.

*Für 1 Person • 20 Min. Zubereitung • Pro Portion ca. 810 kcal, 45 g E, 61 g F, 20 g KH*

# BIFTEKI-FETA-PFANNE

### SOMMERGERICHT

*1 kleiner Zucchino*
*1 Knoblauchzehe*
*1 EL Olivenöl*
*½ Glas Tomatensauce (ersatz-*
  *weise Arrabiata)*
*⅓ TL getrockneter Oregano*
*½ TL Gyros-Gewürzmischung*
*Salz, Pfeffer*
*3 fertige Frikadellen (à*
  *ca. 50 g)*
*100 g Schafskäse (Feta)*
*2 Stängel Basilikum*

**1**  Den Zucchino putzen, waschen und der Länge nach vierteln. Die Viertel in ca. 5 mm breite Stücke schneiden. Den Knoblauch schälen und fein hacken.

**2**  Das Öl in einer beschichteten Pfanne erhitzen. Zucchini und Knoblauch hinzufügen und bei großer Hitze 2 Min. unter gelegentlichem Rühren braten, bis die Zucchinistücke leicht bräunen. Tomatensauce, Oregano und Gyros-Gewürzmischung unterrühren, mit Salz und Pfeffer würzen. Zugedeckt 6–8 Min. garen.

**3**  Inzwischen die Frikadellen vierteln und den Schafskäse mit einer Gabel zerbröckeln. Das Basilikum waschen und trocken schütteln, die Blätter abzupfen und grob zerschneiden. Die Frikadellen unter die Sauce mischen und zugedeckt 5 Min. mitgaren. Die Pfanne vom Herd nehmen und das Gericht mit Feta und Basilikum bestreuen. Perfekt dazu: ein Stück Fladenbrot.

# REGISTER

Vegetarische Rezepte, die im Buch mit einem 🍃 gekennzeichnet sind, sind hier grün abgesetzt.

**Abkürzungsverzeichnis:**
E = Eiweiß
EL = Esslöffel (gestrichen)
F = Fett
kcal = Kilokalorien
KH = Kohlenhydrate
Msp. = Messerspitze
Pck. = Päckchen
TK = Tiefkühl
TL = Teelöffel (gestrichen)
Ø = Durchmesser

## LIEBE LESERINNEN UND LESER,

wir wollen Ihnen mit diesem Buch Informationen und Anregungen geben, um Ihnen das Leben zu erleichtern oder Sie zu inspirieren, Neues auszuprobieren. Wir achten bei der Erstellung unserer Bücher auf Aktualität und stellen höchste Ansprüche an Inhalt und Gestaltung. Alle Anleitungen und Rezepte werden von unseren Autoren, jeweils Experten auf ihren Gebieten, gewissenhaft erstellt und von unseren Redakteur*innen mit größter Sorgfalt ausgewählt und geprüft.

Haben wir Ihre Erwartungen erfüllt? Sind Sie mit diesem Buch und seinen Inhalten zufrieden? Wir freuen uns auf Ihre Rückmeldung. Und wir freuen uns, wenn Sie diesen Titel weiterempfehlen, in Ihrem Freundeskreis oder bei Ihrem Online-Kauf.

Sollten wir Ihre Erwartungen so gar nicht erfüllt haben, tauschen wir Ihnen Ihr Buch jederzeit gegen ein gleichwertiges zum gleichen oder ähnlichen Thema um.

## KONTAKT ZUM LESERSERVICE

GRÄFE UND UNZER VERLAG
Grillparzerstraße 12
81675 München
www.gu.de

# IMPRESSUM

© 2024 GRÄFE UND UNZER VERLAG GmbH, Postfach 860366, 81630 München

GU ist eine eingetragene Marke der GRÄFE UND UNZER VERLAG GmbH, www.gu.de

ISBN 978-3-8338-9241-7
1. Auflage 2024

Projektleitung: Nathalie Künzl
Lektorat: Katharina Lisson
Korrektorat: Andrea Lazarovici
Gesamtgestaltung: ki36 Editorial Design, Sabine Krohberger, München
Herstellung: Renate Hutt
Satz: Eberl & Koesel Studio GmbH
Reproduktion: medienprinzen GmbH
Druck + Bindung: Firmengruppe APPL, aprinta druck, Wemding
Printed in Germany

Ein Unternehmen der
GANSKE VERLAGSGRUPPE

**Bildnachweis:**

Kramp+Gölling Fotodesign: S. 6 - 59 und StepFotos auf den Klappen
Lang, Coco: S. 1, 5 und Stillleben auf den Klappen
Grossmann.Schürle GbR: S. 64
PicturePeople GmbH & Co. KG: S. 4 Autorinnenfoto
Wischnewski, Jan: Cover

**Umwelthinweis:**

Nachhaltigkeit ist uns sehr wichtig. Der Rohstoff Papier ist in der Buchproduktion hierfür von entscheidender Bedeutung. Daher ist dieses Buch auf PEFC-zertifiziertem Papier gedruckt. PEFC garantiert, dass ökologische, soziale und ökonomische Aspekte in der Verarbeitungskette unabhängig überwacht werden und lückenlos nachvollziehbar sind.

Bildagentur Image Professionals GmbH, Tumblingerstr. 32, 80337 München
www.imageprofessionals.com
Die GU-Homepage finden Sie unter www.gu.de

# APPETIT AUF MEHR?

ISBN 978-3-8338-7304-1

ISBN 978-3-8338-7691-2

ISBN 978-3-8338-7082-8

ISBN 978-3-8338-6620-3

ISBN 978-3-8338-7950-0

ISBN 978-3-8338-6623-4

Alle hier vorgestellten Bücher
sind auch als eBook erhältlich.

### Die Autorin

**Tanja Dusy**

ist freie Foodjournalistin, orientiert sich bei ihrer Arbeit am Puls der Zeit und ist ein echter Profi beim Thema Ernährungstrends. Ihre Rezepte überzeugen seit vielen Jahren durch Kreativität und absolute Verlässlichkeit. Ihre zahlreichen Bücher haben sich insgesamt fast zwei Millionen Mal verkauft.

### Die Fotograf*innen

**Andrea Kramp & Bernd Gölling**

lernten sich während des Fotodesign-Studiums kennen. Seit 1983 sind sie freiberuflich tätig und arbeiten gemeinsam in ihrem Studio bei Hamburg im Bereich Food und Still Life. Die Rezepte in diesem Buch haben sie mit Hermann Rottmann in Szene gesetzt.